日本軍「慰安婦」被害者のはなし

終わらない冬

An Endless Winter

カン・ジェスク 文　イ・ダム 絵
ヤン・ユハ　都築 寿美枝 訳

日本機関紙出版センター

わたしがいままで生きてきた話を　これからしてみましょうか
冬が過ぎれば春になるけれど
わたしの生きてきた日々を振り返ってみると　ずっとずうっと冬でした

私が生まれて育ったところは慶尚道の山の中でした

冬にはたいそうな雪が積もります

私が十五歳になったその年の冬にも　たくさんの雪がふりました

雪の多い年は麦の豊作になるといわれていたのに
毎年のように麦は不作でした
それさえも日本の人がみんなとって行ってしまうので
村の人々はだれもが　干した菜っ葉でお粥を炊くか
木の根を掘って食べていました
その年の冬も　夏の間に干しておいた豆の葉をゆで
どうにか飢えをしのいだのです
日本人がとしごろのむすめをさらっていくといううわさもひろがっていました
それで　あわててお嫁に行った友だちもいました

春になって　山菜を取りにオモニ（お母さん）と畑に出かけていきました
うれしいことに、よもぎやなずなが野原のあちこちで顔を出していました
ひとしきりよもぎを摘んでいると、オモニが言いました
「やれやれ　ちょっと家に行ってあかちゃんにお乳をやらなくちゃいけないね」
「うん、わたしはもう少し摘んでから帰るね」
山菜のお粥を炊くには、小半日かけて山菜を摘まなければなりません

「ブルン　ブルン」
村の入り口の方から一台のトラックが走ってきました
この村でトラックを見かけることはほとんどありません
わたしは遠くから　こわごわトラックを見つめました
トラックには巡査と軍人、朝鮮語を話す人が乗っていました
「家はどこだ？この村に住んでいるなら乗せてやるぞ」
その言葉にわたしは深く考えもせずにトラックに乗りました
ところがトラックは矢のように走り出し、村の峠を通り越して行きました
つぎつぎとあちこちでむすめたちをトラックに乗せて行きます
わたしの友だちのスニもいました
わたしたちは降ろしてくれと、足でどんどんと床を鳴らしましたが
男の人たちは聞くふりもしませんでした
日が沈む頃になって、トラックはようやく止まりました
みすぼらしい宿屋の部屋に、わたしたちは荷物のように放り込まれました

あくる日の朝　わたしたちは汽車に乗せられどこかに向かいました
降りろという言葉にまわりを見ると、海の見える駅でした
潮のにおいがぷ～んとしました
わたしたちは　手をしばられたままとても大きな船に乗せられたのです
船には日本の兵隊がおおぜい乗っていました
「ブォーン　ブォーン」
船の汽笛がなり、陸地がどんどん遠くなっていきます
波が押し寄せるたびに船は激しく揺れました
わたしたちは吐いてはまた吐き、ついにしゃがみこんで倒れてしまいました

数日が過ぎ　どこかもわからないところに船はとまりました
そこから汽車に乗せられて行ったあと　こんどは小さな舟に乗り換えました
しばらく行くと見知らぬ島に着きました
湿っぽくて熱い風が吹いていました
まだ春もあさいはずなのに花が咲き　木の葉がみどりに生い茂っていました
故郷の村では見たことのない　はじめて見る花や木でした
とっても遠いところに連れてこられたのだと思いました
わたしたちは港にほど近い　赤い瓦の家に入れられました

赤瓦の家に入るとすぐに男の人が言いました
「おまえは今日から『ハルコ』だ」
スニは「ミチコ」、ジョンジャは「キヨコ」になりました
胸の中いっぱいに　怒りがこみ上げてきましたが
何も言うことはできませんでした
赤い瓦の家の中は　小さな部屋がいくつもならんでいました
その男はわたしたちを一人ずつその部屋に押し込みました

部屋には布団が一枚と洗面器だけが置いてありました
見なれぬ部屋に入れられ　こわくて　家のことを思いました
「オモニはわたしがさらわれていったことがわかったかしら」
涙ばかりが出てきます

日の沈むころになって、日本の兵隊が一人、入ってきました
「だ、だれですか？」
わたしはぞっとして大きな声を出しました
兵隊は何も言わずにズボンをぬぐと、いきなりわたしにおそいかかってきました
「あっ、やめて！ やめてください！」
声をあげ、振りほどこうと逃げ回りましたがどうすることもできませんでした
「だまれ！ここは慰安所*だ」
兵隊はわたしの口をふさぎ、おおいかぶさってきました
からだ中がひきちぎれるように痛みました
兵隊が出て行ったあと、わたしはただぼうぜんと突っ伏しているばかりでした

＊慰安所：アジア・太平洋戦争（1941~1945）時、日本が植民地や日本軍が占領した現地の女性たちを強制的に連行し、軍人らの性奴隷とした場所。日本軍が駐屯したほとんどの地域に慰安所が置かれ、連行された朝鮮女性は20万人を超えるといわれている。

おそろしいことは次の日も、その次の日もつづきました
赤い瓦の家の前に、兵隊たちがおおぜい並んで列を作っていました
ひとり、またひとりと入ってくるたびに、わたしはぎりぎりと奥歯をかみしめました

兵隊がおおぜい押しよせてきた日は歩くことすらできませんでした
そのうえ　週に一度は病気にかからないようにと注射を打たれるのですが
注射を打った日はからだ中が痛み　みじろぎもできません
わたしのからだと心は　めちゃくちゃにこわれてしまいました

ごはんはちょうど飢え死にしないぐらいしか出ませんでした
わたしは歯をくいしばり、うすいおかゆと味噌汁の食事を飲みこみました
この島には、かくれるところも、にげるところもありません
兵隊たちが見張っているので、出歩くこともできず
いっしょにいる女の人たち同士で話しをすることもできないのです
ほんとうにたまに、洗濯をしに水辺に行くのがせいぜいでした
そのたびにわたしとスニは泣きながら
かならず生きて故郷に帰ろうねと手を握りあいました
それなのにある晩、スニがいなくなってしまったのです
だれも知らない間にひとりで山に登って　海に身を投げたのでした
わたしは何日間も　水の一滴も受け付けなくなりました
苦しくて辛い日々が一日、また一日とつづきました

日本軍の兵隊はわたしたちを置き去りにして　どこかへ行ってしまいました

人々は　米軍がやってきたと大混乱でした

わたしたちも村の人々といっしょに山の中にかくれました

避難しきれなかった人々は死んだり、大けがをしたりしました

村中が爆撃され　赤い瓦の家も焼けてしまいました

谷あいには　そこここに死体が散らばり

血の匂いが　山という山に立ち込めていました

8月になるとアメリカ軍のビラが　あちこちでばらまかれていました
日本軍は降参して出てこいというビラでした
ついに日本が戦争に負けたのです
わたしはなんとか生き残りはしたけれど　どうしたらよいのかわかりませんでした
そのころ朝鮮にいく船があると聞いたのです
あわてて身支度をし、やっとの思いで船にのることができました
そのときになってはじめて、
わたしが連れてこられた島が沖縄だということを知りました
わたしは、友だちのスニがねむる海をあとにし、故郷に向ったのです
とうとう船はプサン（釜山）の港に着きました
港には戦争に連れて行かれ、帰ってきた人々で　あふれかえっていました

わたしの持ち物といえば　服をつつんだふろしきが一つだけでした
わたしは汽車から降りて　ずうっと歩きどおしで　家に帰ったのです
故郷の家のかきねのすそには、ほうせん花の花が
昔とかわらずきれいに咲いていました
すぐに家に入って行くことがどうしてもできなくて
わたしは垣根の周りを行ったりきたりしました
オモニが、わたしを見つけて、かけよってきました
わたしたちはただ抱き合って　一言も交わさぬままさみしい涙を流しました

わたしは帰ってきたとたんに病んで寝込んでしまいました
慰安所での生活が夢の中にも出てきて、わたしを苦しめました
あまりのおそろしさに目が覚めると、
障子のむこうに　柿の木の影がゆれています
「ああ、そうか…、ここはうちなんだ」
はてしなく広がる海も、島に咲いていた名も知らぬ花々も、
「ハルコ」とよんでおそいかかってきた日本の兵隊もここにはいない
そうしてまた　ごわごわとしたねむりにつくと
けんめいにわたしをさがすオモニが見え、スニが見えてきます

冬が過ぎて春がきたけれど
慰安所でのできごとをわすれることはできませんでした
だれにも言えず　とにかく罪深い罪人であるとしか思えなかったのです
村の人たちがわたしを見るだけで　後ろ指をさされているように感じてしまうのです
胸がどきどきしてまるで針のむしろに座っているようでした
わたしはもうそれ以上、家にいることができませんでした

わたしは故郷の家をあとにしました

そしてあっちの村、こっちの町と流れて行き　いままで一人で暮らしてきました

ある日、テレビをつけると、ハルモニ（おばあさん）が話をしていました

わたしのように　無理やり日本軍の慰安所に連れて行かれたハルモニでした

その話を聞きながら悲しみがこみ上げてきました

わたしは　初めて大声を上げて泣きました

そしてわかったのです

「わたしはなにひとつ悪いことをしていない

人々から後ろ指をさされるいわれなんかない

罪があるのはわたしたちじゃなくて、戦争を起こしたおまえたちだ

私たちの国から平和と自由をうばい

わたしたちをつかまえて行って　むごい目にあわせたおまえたちこそ罪人だ」

わたしは学校にも行けなかったし、知識があるわけでもないけれど
わたしのような辛い思いをする人がもう出ないよう
二度とおなじようなまちがいがくりかえされることのないように
みんなにわたしの話をしていこうと思っています
それが、わたしがいまでも生きていることを　支えているのです

平和は与えられるものではなく、守っていくべきものです。

　2008年8月15日、光復節（祖国解放記念日）にあわせて出そうと思っていた本を、曲折を経てようやく出版することができました。ほんとうに夢のようです。その年の秋、私は交通事故にあい、半年ほど治療に専念しなければなりませんでした。事務所もたたみ、よくない出来事が相次いでとても辛かったのです。治療を受けている間、あれこれと考えてみました。「本を出せなかったのは、まだ世に出る準備ができていないからだ。交通事故にあったのは、いままで前ばかり見て生きてきたから、少しお休みしなさいという天の意志だろう」、そんな風に思ってみると身体は痛くても、心は少しばかり軽くなったようでした。

　1992年の秋、私が日本で勉強をしていたときのことです。金学順ハルモニの証言を東京の韓国YMCA講堂で聞く機会がありました。金学順ハルモニは、1991年8月に、韓国に住んでいる人としては初めて、日本軍「慰安婦」であったことを証言した方です。また、韓国YMCAの講堂は、1919年2月8日、日本に留学中だった朝鮮人留学生たちが朝鮮の独立を宣言した所です。なんと、そのような場所で日本軍の「慰安婦」に連れて行かれた金学順ハルモニの証言を聞いたというわけです。そのときから、ハルモニたちに「片思い」をするようになりました。

　1995年、留学を終えて韓国に帰り、日本軍「慰安婦」のハルモニたちを訪ね歩き、証言を集め、記録をして行きました。そうしたことを通して、子どもたちにハルモニたちの話をきちんと伝えなければ、と思うようになったのです。ハルモニたちの絵を見せながら、日本軍「慰安婦」をテーマにした講演を重ねました。戦争がどれほど残酷に女性たちの人生を踏みにじったのかを語り、戦争のもたらす害は、銃弾の飛び交う戦場だけではないことを子どもたちに伝えようと努力しました。

　戦争が起これば、子どもや女性、障がい者、貧しい人々が真っ先に犠牲になります。日本軍「慰安

婦」ハルモニたちは戦争の最も大きな被害者です。ハルモニたちが経験したことは、他のどのようなものとも比べようのない痛みでした。けれど日本軍「慰安婦」問題はいまだに解決されていません。

　日本軍「慰安婦」ハルモニだけではなく、そのほかの戦争被害者も同様です。女子勤労挺身隊で、徴兵で、徴用で、日本や中国、インドネシア、フィリピンに遠く連行されて行った朝鮮人たちは、戦争が終わって故郷に帰ってきました。しかし、亡くなったり、すぐに帰ってくることのできなかった人々もいました。米軍の捕虜になったり、米軍基地や飛行場建設に強制的に働かされたりもしました。

　さらに、戦争当時、米軍がヒロシマとナガサキに落とした原子爆弾で、日本人も朝鮮人も、大勢の人が死にました。生き残った人も、いまも後遺症で苦しんでいます。戦争が残した傷跡による苦しい人生を今日まで歩んできた戦争被害者たちが生きているかぎり、戦争はまだ終わっていないのです。

　平和とは、与えられるものではなく、はぐくみ、守っていくものです。とくに社会のもっとも弱く疎外されてきた人々の人権を守ることが、私たちみんなの平和を守ることなのです。歴史は、力のある者の立場からではなく、疎外された人々の立場から書きかえられなければなりません。ですから日本軍「慰安婦」被害者の問題は、過ぎ去った過去の問題ではなく、まさしく、いま、現在、私たちが解決しなければならない問題なのです。

　この本は、金順徳（キム・スンドク）ハルモニと、裵奉奇（ペ・ポンギ）ハルモニを思いつつ書いたものです。

　金順徳ハルモニは「ナヌムの家」で暮らし、絵を描いて日本軍「慰安婦」証言活動をなさっていました。わたしは1997年に金順徳ハルモニとともに、日本で「ハルモニ絵画展」の全国巡回をはじめ、さまざまな証言活動を行いました。裵奉奇ハルモニは戦争が終わったあとも沖縄に残っていましたが、

1970年代に、もっともはやく日本軍「慰安婦」被害者であったことを証言した方です。1972年、沖縄が米軍政から日本に返還される際、「不法滞在者」とされて強制送還されるおそれがあったため、仕方なく日本軍「慰安婦」であったことを名乗らなければならなかったハルモニを、わたしは忘れることができません。沖縄は、日本の本土から疎外されている地でもあって、わたしは何回も沖縄を訪ね、裵奉奇ハルモニの住んでいらしたあとをたどってみました。こうしたなかで、このハルモニたちの話を、絶対に子どもたちに語らなければならないと、繰り返し心に誓ったのです。

　2008年の春、済洲島のはて、マラ島の「祇園精舎」で、遅ればせながらこの話を書き始めました。けれどもこの本は、私一人が書いたのではありません。日本軍「慰安婦」ハルモニたちをはじめ、裵奉奇ハルモニの面倒を見たキム　ヒョノク　先生夫婦のようなハルモニたちを支援するすべての方々、ナヌムの家、韓国挺身隊研究所、韓国挺身隊問題対策協議会、挺身隊ハルモニとともにする市民の会、日本軍「慰安婦」ハルモニとともにする統営巨済市民の会、平和博物館、ワシントン挺身隊問題対策委員会、そして日本にある沖縄民衆連帯、関釜裁判を支援する会、女たちの戦争と平和資料館、そのほか目に見えないところで力添えをくださったすべての方々の作品です。深く感謝します。

　いまは亡くなられてしまった金順徳ハルモニと裵奉奇ハルモニ、そしてすべての日本軍「慰安婦」被害者ハルモニのみなさんに、この本を捧げます。

2010年庚戌国恥百年、8月15日を迎えて
カン・ジェスク

絵本「終わらない冬」の日本での翻訳出版にあたって

　戦後70年の本年、絵本「終わらない冬」の日本での翻訳・出版の運びとなりました。この絵本は韓国併合100年の節目にあたって2010年の8月15日に韓国で出版されたものです。日本軍「慰安婦」問題を静謐な語りと絵本ではまれな重厚な筆致（ワックス画法）で綴り、告発しているこの絵本は直ちに日本で翻訳され、ひろく読まれる機会に恵まれるものと確信していました。なぜならば、韓国併合100年の節目を前後して私たちの国が犯した過去の悪行を史実に基づいてより正確に清算・克服すべきであるからです。ところが歴史修正主義の流布・跋扈という逆流が強まり、日本での翻訳・出版は頓挫を余儀なくされようとするに至りました。このような歴史認識の切っ先を問う課題を前に、私は強い訝りをおぼえ、義憤に転ずる感情を抑えることができませんでした。

　5年の歳月を経ましたが、幸いにして友人の作者カン・ジェスクさんの平和運動への粘り強い努力と画家のイ・ダムさん キム・クンヒさんご夫妻の支えにより、さらに自然界と人間性との繋がりに出版使命を実現されているポリ（麦）社の皆さんのご協力により日本での翻訳・出版の実現に至りました。

　日本軍「慰安婦」被害は、かって私たちの国がアジア・太平洋諸国とその民衆に行った侵略戦争によってひき起こされた認めがたい事実の一つです。この克服は今日に至ってひとえに日本国と私たち一人ひとりの国民のあり様にかかっています。私たちの国が国として「謝罪と賠償」を行うことは、当然の前提としながらもなお、とりわけ胸襟を開いて語り合い、理解しあい、眞実の和解を求めあえる韓国・朝鮮の友人たちと一衣帯水の絆を強めることが幾千年の歴史を経て新たな出発になるものと確信しています。

　戦後70年・「日韓条約」締結50年の本年にあたって、何よりも性奴隷被害にあった方々の心により添うために！

2015年8月15日　絵本「終わらない冬」出版日本の会　代表　石田信己

文 カン・ジェスク

1965年、江原道の太白山のふもとで生まれました。大学で国語国文学を学び、日本の大学院で差別問題を採り上げた社会学を学びました。1995年からは日本軍「慰安婦」被害者や原爆被害者、障がい者など、歴史や日常から疎外された人々の問題を解決するための平和運動を続けています。

絵 イ・ダム

1959年、ソウルで生まれました。大学で西洋画を学んだ後、アメリカに渡り、ニューヨークにあるスクールオブビジュアルアート大学院に学びました。出版した絵本は 杉原幸子の『自由への旅路』（杉原千畝伝記）を含めて『野球が助けてくれた』『爆竹の音』『緋鯉』『熊とまたぎのおじさん』『堂山のおばあさんとぼく』『知らないことがいっぱい』『ミョンラン海戦の波濤』などがあり、『爆竹の音』は1996年、ボローニャ児童図書展イラストレーション展示作品に選ばれました。

訳

ヤン・ユハ

東京生まれの在日朝鮮人2世。ハングルは独学で学んだ。著書に「伝馬と虹のばち」、「おいで喜びの大マダンへ」、「アリョン打令」（第5回在日朝鮮女性文学賞受賞）など。朝鮮女性史研究会、地域女性史研究会会員。

都築 寿美枝

元中学校教師。ハルモニの描いた絵を使い'性と戦争'というテーマの性教育に取り組んだ。市民として日本軍性奴隷被害者や女子勤労挺身隊被害者ハルモニたちの裁判支援活動などを行い、日韓の市民や労働者の交流に関わって来た。ハングルは韓国延世大学語学堂で学んだ。

日本軍「慰安婦」被害者のはなし　**終わらない冬**

2015年8月15日 初版第1刷

作 者	文 カン・ジェスク　絵 イ・ダム
訳 者	ヤン・ユハ　都築 寿美枝
発行者	坂手崇保
発行所	日本機関紙出版センター
	〒553-0006 大阪市福島区吉野3-2-35
	TEL:06-6465-1254　FAX:06-6465-1255
組 版	Bori Publishing Co., Ltd.
印刷・製本	Samsung Moonwha Printing Co., Ltd.

An Endless Winter
Copyright ⓒカン・ジェスク イ・ダム 2015
This Japanese edition was published by Nihonkikanshi Shuppan center Inc. in 2015 by co-production with Bori Publishing Co., Ltd., KOREA

著作者と出版社の許可なく、この本の内容を発表・転載することをお断りします。

カン・ジェスク先生の意思により、この本の収益の一部を日本軍「慰安婦」問題、韓国人被爆者問題、障がい者問題などの人権平和活動に提供させていただきます。

ISBN978-4-88900-925-5 C0021

*落丁本・乱丁本はお取り替え致します。